ÉDITIONS SAINT SÉBASTIEN

-2016-

R. P. Thomas PÈGUES, O. P.

Maître en Théologie
Membre de l'Académie romaine de Saint-Thomas d'Aquin
Professeur de Saint Thomas au Collège angélique (Rome)

~~~~~~

Saint Thomas d'Aquin
ET LA GUERRE

LA PAIX ET LA GUERRE

LA GUERRE JUSTE. — LA GUERRE SAGE.

LA GUERRE HONNÊTE. — LA GUERRE SAINTE.

LA PAIX.

PARIS

PIERRE TÉQUI, LIBRAIRE-ÉDITEUR

82, RUE BONAPARTE, 82

—

1916

Saint Thomas d'Aquin

et la Guerre

Nihil obstat :

Fr. Ceslas PABAN-SECOND,
des Frères-Prêcheurs,
Maître en Sacrée Théologie.

Fr. Édouard HUGON,
des Frères-Prêcheurs,
Maître en Sacrée Théologie.

IMPRIMATUR

Parisiis, die 24 aprilis 1916.

H. ODELIN, *v. g.*

AVANT-PROPOS

———

Le titre du présent travail suffit pour en déterminer l'objet, le caractère et aussi l'opportunité. Parler de la guerre, en parler à la lumière de saint Thomas, et le faire au moment où la guerre mondiale déchaînée depuis près de deux ans touche à sa phase la plus aiguë, devant bientôt amener des solutions qui auront sur les destinées des peuples des répercussions infinies, ne peut qu'être chose utile et du plus haut intérêt. Toutefois, notre pensée n'est pas d'instituer ici, même par mode d'abrégé, une sorte de traité passant en revue toutes les questions qui se rattachent à la guerre en général ou que soulève d'une manière plus spéciale la guerre que nous vivons. Nous voulons simplement répondre au désir qui nous a été manifesté d'exposer brièvement, en un relief aussi net et aussi accusé que possible, la pensée essentielle de saint Thomas d'Aquin au sujet de la guerre, telle que le saint Docteur l'a donnée dans sa Somme théologique et que nous l'avons nous-même commentée

dans notre dernier volume récemment paru (1). Cet
exposé fera connaître ou rappellera des principes
qu'il faut sans cesse avoir devant les yeux pour ap-
précier comme il convient le caractère de la guerre
actuelle, ses responsabilités, les conséquences qu'elle
peut ou doit entraîner, la paix qu'elle comporte. Il
n'est pas, on le voit, de sujet plus actuel, ni plus
important, ou qui soit plus de nature à retenir et à
captiver les esprits.

(1) *Commentaire français littéral de la « Somme théologique »*,
tome X, q. 40, De la guerre, p. 781-802.

SAINT THOMAS D'AQUIN ET LA GUERRE

CHAPITRE PREMIER

La Paix et la Guerre

Parlant de la paix (1), saint Thomas en fait un acte de vertu. C'est même, pour lui, un acte de la plus grande des vertus, de la vertu de charité. Il a soin, du reste, d'en préciser la nature. La paix n'est pas seulement l'absence de lutte extérieure. Elle n'est même pas simplement l'accord de deux volontés étrangères. Elle est quelque chose de plus profond. Il la faut concevoir comme l'accord absolu de tous les mouvements affectifs qui peuvent exister entre les divers êtres ou dans un seul et même être. La paix, pour être parfaite, pour être vraiment la paix, demande que des mouvements affectifs qui sont dans un même sujet aucun ne soit contraire à l'autre, en supposant

(1) 2a-2e, q. 29.

d'ailleurs qu'ils sont chacun ce qu'ils doivent être et tous proportionnés à la dignité de leur objet. C'est ainsi que les mouvements affectifs d'ordre sensible devront être subordonnés aux mouvements affectifs d'ordre rationnel; et que, même dans cet ordre rationnel, les mouvements de la nature devront être subordonnés aux mouvements de la grâce. D'un mot, l'amour de Dieu, au sens surnaturel de ces mots, primant tout autre amour, et tout autre amour, dans l'homme, étant subordonné à cet amour, voilà la première condition, absolument essentielle et indispensable, de la vraie paix, de la paix parfaite. Toutefois, elle ne peut suffire à assurer la paix dans toute sa plénitude et sa perfection. Une seconde condition est requise. L'ordre des mouvements affectifs dans un même sujet assurera bien la paix de ce sujet en lui-même. Mais pour que la paix de cet homme soit assurée avec ceux du dehors, il faudra que le même ordre règne en chacun de ceux qui traiteront avec lui et parmi tous ensemble. Alors vraiment on aura la paix, la paix parfaite, la paix absolue, à l'exclusion de toute lutte, de tout combat, de toute guerre.

Cette paix est-elle possible ici-bas?

Non. Elle sera le propre de la Patrie, au ciel. Sur cette terre, l'homme aura toujours à soutenir une certaine lutte intestine entre les divers mouvements affectifs qui sont en lui. Il peut arriver à établir ce que nous appellerions une paix essentielle, assurant la suprématie habituelle de l'amour surnaturel de Dieu par rapport à tout autre amour. Mais, dans le détail de ses mouvements affectifs, la subordination absolue n'est point possible. Il lui faudra toujours subir au moins de légères révoltes ou insubordina-

tions des mouvements inférieurs : mouvements affectifs sensibles, à l'endroit des mouvements affectifs
proprement rationnels; et, parmi ces derniers, mouvements de la nature à l'endroit des mouvements
strictement surnaturels ou propres à la grâce. Même
dans les plus grands saints, il reste toujours quelque
chose de cette vie de combat.

D'autre part, les grands saints et même les justes,
au sens pleinement surnaturel de ce mot, demeurent
une exception au sein de l'humanité. Le très grand
nombre est sujet à des luttes intimes plus fâcheuses
et qui trop souvent aboutissent à de graves défaites.
L'ordre de la grâce est sacrifié à celui de la nature;
et la raison elle-même succombe sous l'effort des
passions. Il n'est pas téméraire d'affirmer que parmi
les hommes les passions règnent plus que la raison.
Comment s'étonner, dès lors, qu'une paix parfaite ou
inaltérable ne puisse point exister parmi eux. Dans
le domaine de la raison et sous son empire, il est possible de s'entendre avec les autres hommes et de vivre
avec eux en bons termes, la raison étant faite de lumière et d'harmonie. Mais les passions sont aveugles.
Chacune d'elles ne connaît que son intérêt propre;
et, dans leur diversité, elles ne peuvent point se trouver en contact sans qu'immédiatement se produisent
des causes ou des occasions d'innombrables conflits.
De là vient que dans la mesure où les passions pren-
nent le pas sur la raison parmi les hommes, dans
cette mesure-là se trouveront nécessairement compro
mis parmi eux les intérêts de la paix.

Toutefois, un remède existe encore qui pourra pe
mettre d'obvier à ces causes de conflit et de maint
nir parmi les hommes une certaine paix, au moins

1.

extérieure. Ce remède est l'ordre même de la société.
Dans toute société ordonnée il existe un pouvoir
chargé par office de veiller au bon ordre de cette société en maintenant la paix parmi ses divers membres. Si donc il s'élève parmi eux des causes de conflit, il y aura possibilité d'y remédier en recourant
à l'autorité chargée de juger les différends. Les actes
de violence seront des actes d'anarchie. Ils seront nécessairement rares. Ils le seront même d'autant plus
que l'autorité sera plus vigilante et plus ferme; car
il appartiendra à cette autorité de les punir.

Comme cependant l'autorité elle-même peut se
trouver en défaut dans une société, soit que les passions en révolte l'emportent sur elle, soit qu'elle-
même devienne tyrannique et nécessite en quelque
sorte une résistance qui pourra aller jusqu'à une légitime violence, il demeure toujours possible que des
luttes intestines se produisent au sein d'une même
nation ou d'un même peuple et que le bien de la paix
soit troublé par ce mal si grand qu'est la guerre
civile.

Mais c'est surtout dans les rapports des peuples entre eux ou des nations entre elles que la guerre au
sens strict ou la guerre tout court demeure essentiellement un mal possible ou même nécessaire. Si le règne des passions peut amener d'un homme à l'autre,
au sein d'une même société, des causes ou des occasions de conflit, la même possibilité devra exister,
portée seulement à une puissance d'irritation infini-
ment plus grande, quand il s'agira de peuples divers
ou de nations diverses. Il y aura même cette diffé-
rence que si les violences d'homme à homme dans
une même société sont toujours des actes répréhensi-

bles ou des actes d'anarchie, et si les luttes intestines
des citoyens se soulevant contre l'autorité de leur
pays sont des actes de déplorable révolte ou d'extrême
nécessité qui par leur nature même devraient être nécessairement rares et presque impossibles, les causes
de conflit pouvant amener des luttes à main armée
de peuple à peuple ou de nation à nation rentrent,
si l'on peut ainsi dire, dans le cours normal et fatal
des choses humaines.

C'est qu'en effet, tandis que dans cette même société que constitue un peuple ou une nation, il existe
normalement une certaine autorité qui a qualité et
pouvoir pour connaître des causes de conflit et en
faire disparaître ou en empêcher les effets violents,
dans la société internationale ou universelle que forment les divers peuples et les diverses nations, il
n'existe, dans l'ordre purement politique et humain,
rien de semblable. S'il était un pouvoir politique international qui aurait autorité pour juger en dernier
ressort les causes de conflit entre les divers peuples
ou les diverses nations, et la force nécessaire pour
imposer à tous sa sentence, nous pourrions alors rai-
sonner sur le genre humain tout entier comme nous
l'avons fait pour la société particulière et déterminée
que forme telle nation ou tel peuple. Dans ce cas, il
serait possible de concevoir un état de paix universelle qui serait normalement stable et qui ne pourrait être troublé que dans les conditions d'extraor-
dinaire désordre dont nous avons parlé au sujet de la
politique intérieure des diverses nations. Mais ce pouvoir international n'existe pas. Et, conçu dans la rigueur que nous venons de dire, il est permis d'affirmer qu'il n'existera jamais parmi les hommes.

Ce fut, on le sait, le rêve grandiose du génie de Dante (1) d'imaginer et de souhaiter la constitution, dans le monde, d'un Empire universel, qui serait au point de vue temporel ce qu'est l'Eglise catholique au point de vue spirituel. Et, de même que pour les fidèles du monde entier il existe un Pouvoir spirituel unique, apte, par sa nature, à fixer ou à dirimer toutes les questions d'ordre spirituel qui peuvent être soulevées parmi eux, de même le grand Florentin voulait qu'il y eût, pour tous les hommes, un Pouvoir temporel unique ayant pour office de terminer pacifiquement tous leurs conflits. C'était un rêve magnifique; mais ce n'était qu'un rêve.

De nos jours, nous avons assisté à un essai de pacification universelle moins absolue et qui, semblait-il, aurait dû pouvoir aboutir à être réalisée en quelque manière. C'était la constitution d'un tribunal international accepté et organisé d'un commun consentement par les diverses nations, du moins par les plus considérables et les plus puissantes, à l'effet de prévenir ou de terminer pacifiquement les causes de conflit entre les divers peuples. On ne saurait dire que la constitution de ce tribunal ait été inutile. Mais si l'on avait espéré assurer par là d'une manière absolue la paix universelle, il faudrait reconnaître que les événements ont trompé cet espoir. C'est précisément entre les puissances ou les nations réunies en conférences pacifiques dans ce tribunal qu'a éclaté la plus effroyable des guerres que le monde ait jamais connues.

Il y aurait un autre moyen d'arrêter les causes de

(1) *De monarchia.*

conflit parmi les divers peuples et de maintenir entre eux une paix à peu près constante. Ce serait de recourir à la seule autorité vraiment internationale, dont la nature même garantit l'indépendance et l'impartialité à l'endroit de tous les peuples et de toutes les nations de la terre. Cette autorité est celle du Souverain Pontife. Mais ici encore, et quelque légitime ou raisonnable que demeure un tel recours, on se heurte pratiquement à l'obstacle des passions humaines. Outre que les peuples qui sont, comme tels, étrangers à l'Eglise catholique, si tant est que parfois ils ne lui soient pas nettement hostiles, auront toujours quelque peine à accepter son arbitrage, il y a encore que les intérêts privés, quand ils ont pour les servir la puissance matérielle, se rendront difficilement à une sentence dont la justice même serait à leurs yeux une sorte de ruine ou d'abandon.

Le fait brutal, indestructible, demeure donc. C'est qu'il n'est point, parmi les hommes, d'autorité politique internationale, pouvant s'imposer à tous, à l'effet de terminer pacifiquement les questions irritantes qui s'élèvent entre eux, de peuple à peuple, de nation à nation. Dès lors il n'y a plus qu'une voie qui soit à même d'y mettre un terme, quand d'un côté ou de l'autre, sinon des deux à la fois, la raison le cède à la passion aveugle : c'est la voie des armes. La guerre est donc une nécessité inéluctable dans l'ordre des choses humaines. Tant qu'il y aura diversité d'Etats parmi les hommes, et que, d'homme à homme, la passion pourra l'emporter sur la raison, la guerre pourra se produire. Et non seulement elle pourra se produire, mais il faudra même, en certains cas, sous peine de déchéance plus encore morale que matérielle, qu'elle se produise. C'est le cas de la guerre juste.

CHAPITRE SECOND

La Guerre juste

La guerre, en son sens strict le plus précis, ou la guerre telle qu'on l'entend quand on prononce ce mot sans rien qui le restreigne, ce qu'on veut signifier quand on dit simplement la guerre, c'est une intervention à main armée d'Etat à Etat. De tous les actes qui peuvent émaner des êtres humains, il n'en est point, dans l'ordre temporel, qui soit plus grave et aux conséquences plus formidables. Ici, ce n'est pas seulement la tranquillité des hommes qui est en cause et la paisible jouissance des biens de la vie, ce sont tous ces biens eux-mêmes sans exception, et leur condition la plus essentielle, la vie, sans laquelle tous ces biens ne sont rien, et non pas seulement la vie d'un homme ou de quelques hommes, mais la vie d'une multitude innombrable d'hommes : toute guerre entraîne avec elle nécessairement, bien qu'à des degrés divers, tous ces maux, même pour la nation ou le peuple qui l'emportent dans le combat et qui ont le bénéfice de la victoire. Quant à l'Etat qui est vaincu, la guerre peut

amener jusqu'à sa transformation radicale. Et s'il est
vrai que la vie corporelle d'un homme est un si grand
bien, parce qu'elle est le fondement ou la condition
essentielle de tous ses autres biens en ce monde, de
telle sorte que sa perte est le pire des maux, la vie
ou l'être d'un Etat comme tel sera, dans l'ordre temporel, un tel bien que sa perte devra être tenue, par
ceux qui lui appartiennent, comme le mal suprême,
dans cet ordre-là, comme la somme de tout mal.
Saint Thomas, voulant montrer la grandeur et la lé-
gitimité de l'acte qui a pour objet le salut de l'Etat,
condense sa pensée en cette admirable formule, que
« le salut de l'Etat » ou sa permanence dans l'être et
la vie qui sont les siens, « empêche le meurtre d'un
grand nombre et des maux innombrables soit spirituels soit temporels ».

Aussitôt une question se pose : la guerre, qui, nécessairement, entraîne avec elle de tels maux, et qui,
parfois, amène jusqu'à la ruine de l'Etat comme tel,
n'est-elle pas essentiellement chose mauvaise; pourra-
t-elle jamais être chose bonne ou qui puisse être
directement voulue?

Nous avons dit que la guerre est une intervention
à main armée d'Etat à Etat. Il suit de là immédiatement que jamais un particulier comme tel n'a le droit
d'organiser ou de faire la guerre. Toute intervention
à main armée, qui se ferait par les citoyens d'un Etat
quelconque au sein d'un autre Etat, si elle est due à
toute autre initiative que celle de l'Etat lui-même au-
quel ces citoyens appartiennent, est essentiellement
injuste. Il faudra donc toujours, comme première
condition d'une guerre juste, qu'elle soit vraiment
d'Etat à Etat, c'est-à-dire qu'elle se fasse sous la res-

ponsabilité consciente des deux pouvoirs souverains traitant de l'un à l'autre.

Il est aisé de voir, du même coup, que l'attaque brusquée, au sens absolu de ce mot, sera toujours un acte injuste; car la gravité exceptionnelle de l'acte qu'est la guerre demande que toutes les voies ou tous les moyens pacifiques aient été épuisés avant de recourir à une telle extrémité. Il faudra que s'il y a des causes de litige entre les deux Etats, ces causes aient été examinées et discutées ensemble entre les deux pouvoirs souverains et qu'on ne recoure à la voie des armes que s'il est impossible d'aboutir, par une autre voie, à la solution du conflit.

Dans cette discussion préalable, la condition requise par-dessus tout sera la droiture d'intention et la bonne foi. Si, en effet, on engageait les pourparlers d'Etat à Etat avec l'intention secrète, préalablement arrêtée, d'aboutir à une lutte armée, et que les griefs soulevés ne fussent que des prétextes, il est évident que dans ce cas on voudrait la guerre pour elle-même et non pour une cause juste. Or, il n'est qu'une raison qui puisse légitimer la guerre ou l'intervention armée d'un Etat par rapport à un autre Etat: c'est une cause juste.

Mais que faut-il entendre par ces mots : une cause juste? Suffira-t-il, par exemple, qu'un Etat se considère comme ayant des besoins ou des droits nouveaux en raison du nombre de ses sujets ou de leurs qualités soit individuelles soit collectives, de telle sorte que si les autres Etats refusent d'accéder à ses prétentions, il puisse immédiatement, sinon même avant toute requête, envahir leur territoire ou leurs possessions, et s'en emparer, afin de substituer sa propre

vie, réputée supérieure, à la leur, déclarée inférieure?
Une telle doctrine est la destruction de tout droit et
de toute morale dans l'ordre social. Si la
vie d'un individu humain et ce qui lui appartient sont choses sacrées qui doivent être respectées
par tous, combien plus la vie d'un Etat, quel que
soit d'ailleurs cet Etat, et les biens qui sont à lui doivent s'imposer de la façon la plus absolue au respect de tous. Et de même que pour l'individu
humain, il n'y a qu'une raison de faute de sa part qui
puisse légitimer un acte de rigueur à son endroit,
qu'il s'agisse de sa personne, ou qu'il s'agisse de ses
biens; de même l'intervention à main armée, pour
être justifiée à l'endroit d'un Etat quelconque, de-
mandera, de toute nécessité, qu'une faute proportion-
née, de la part de cet Etat, l'ait rendue indispensable.

Et voilà donc l'unique raison qui pourra légitimer
une guerre et la rendre juste, du côté de son motif
ou de la cause qui la fait entreprendre : *une faute
dont l'Etat qu'il s'agit de combattre est responsable
et qu'il refuse injustement de réparer.* Saint Thomas
est formel là-dessus. « Pour qu'une guerre soit juste,
déclare-t-il, une cause juste est requise; c'est-à-dire
que ceux contre qui l'on engage la lutte méritent
qu'on engage cette lutte contre eux en raison d'une
certaine faute : *requiritur causa justa; ut scilicet illi
qui impugnantur, propter aliquam culpam impugna-
tionem mereantur* (1). » Et le saint Docteur explique
avec saint Augustin ce qu'il faut entendre ici quand
nous parlons de faute commise, savoir : « si une nation ou une cité ont négligé de venger ce qui a été

(1) 2a-2æ, q. 40, art. 1.

fait d'inique par quelques-uns des leurs ou de rendre
ce qui a été enlevé injustement »; ou si elle élevait
sur quelque point essentiel des prétentions injustes.
C'est donc *une faute contre la justice*, imputable à
l'Etat dont il s'agit, et qu'il refuse soit de reconnaître
soit de réparer. En dehors de ce motif ou de cette raison, tout autre motif ou toute autre raison fait de la
guerre un acte essentiellement injuste.

Il suit de là qu'une guerre purement de conquête
ou d'expansion ou même de prosélytisme, à quelque
titre ou sous quelque couleur que ce prosélytisme
se présente : religion, civilisation, culture, est une
guerre injuste et doit être absolument réprouvée.
Outre que ce serait ouvrir les voies à l'arbitraire le
plus dangereux, un principe souverain ici commande
tout; et c'est qu'on ne doit jamais faire ce qui est
mal, même pour promouvoir le bien. Or, toute agression est de soi un mal, si elle n'est justifiée par une
faute qui la nécessite.

Une guerre offensive ne peut donc être juste que si
elle est motivée par une faute contre le droit, commise par l'Etat qu'on attaque. Mais dès que cette raison existe, la guerre, même offensive, devient chose
juste. Elle pourra même être chose nécessaire. Tel
serait le cas d'une faute qui compromettrait grave-
ment l'honneur de l'Etat offensé, ou son bien, qu'il
s'agisse de son bien comme Etat ou du bien des per-
sonnes qui lui appartiennent. C'est qu'en effet, un
Etat qui laisserait un autre Etat commettre contre lui
impunément telles injustices qu'il lui plairait, s'ache-
minerait, fatalement, à la diminution, à l'effacement,
à la ruine; ce serait un mal, dans l'ordre du prestige
d'abord, et même dans l'ordre matériel, plus grand

que tous les maux physiques, si redoutables soient-ils,
que la guerre peut entraîner après elle. Il y a certains
maux, d'ordre physique, qu'un Etat non moins que
l'individu, ne doit pas hésiter à affronter ou à subir,
en vue de biens essentiels qu'il n'a pas le droit d'a-
bandonner.

Cette même raison, en ce qu'elle a de supérieur
et de plus excellent, expliquera qu'un Etat, dans la
mesure où vivent chez lui les sentiments ou les tradi-
tions de générosité et de noblesse, soit prêt à accepter les maux de la guerre pour soutenir et défendre
le droit d'autres nations, surtout s'il s'agissait de
nations plus faibles, injustement traitées par des
Etats sans scrupule qui abuseraient contre elles de
leur puissance. S'il est, en effet, pour tout Etat, un
égoïsme sacré parfaitement légitime, il ne faudrait
pas cependant entendre cette formule dans un sens
trop matériel et exclure systématiquement toute possibilité d'intervention à main armée en dehors du cas
où cette intervention doit assurer des avantages purement économiques ou territoriaux à l'Etat qui inter-
vient. Il n'y a pas que ces sortes de biens qui con-
courent à la grandeur, à la prospérité ou au bien pur
et simple d'un Etat. Les biens d'ordre spirituel ou
moral y ont aussi leur part; et l'ordre parfait demande
même que cette part y soit prépondérante.

La guerre offensive peut donc être juste et même
nécessaire, dans les conditions que nous avons mar-
quées ou en raison d'une cause juste telle que nous
l'avons expliquée. Mais, s'il s'agit d'une guerre défensive, aurons-nous encore besoin d'en appeler à une
cause juste pour justifier la guerre elle-même; ou
devrons-nous, d'une façon pure et simple, déclarer que

toute guerre défensive porte avec elle-même sa raison
de justice?

La guerre défensive, comme le mot même l'indi-
que, consiste, de la part d'un Etat qui est attaqué, à
se défendre contre celui qui l'attaque. Or, nous
l'avons dit, toute attaque d'un Etat à l'endroit d'un
autre n'est point par elle-même et nécessairement
injuste. Il se peut même, nous l'avons vu, que cette
attaque soit chose nécessaire. Dès lors, la solution du
point qui nous occupe s'impose. Si la guerre est juste
du côté de l'Etat qui attaque, il ne se pourra pas
qu'elle soit, en même temps, juste du côté de l'Etat
qui est attaqué. Les contraires, en effet, ne sauraient
coexister simultanément dans un même sujet. Or, le
sujet du droit, ici, est l'intervention à main armée
entre deux Etats. Cette intervention ne peut pas en
même temps être juste et injuste. Et elle le serait si
celui qui combat avec justice parce qu'il attaque était
combattu avec justice pour le même motif. De toute
nécessité, si son intervention à main armée est juste,
l'intervention à main armée qui lui répond ne le sera
pas.

Mais, dira-t-on, ce sont deux droits distincts et qui
ne s'opposent pas l'un à l'autre. Celui qui attaque,
en effet, venge l'injure qui lui a été faite et qu'on
n'a pas voulu réparer; tandis que celui qui se défend
cherche à conserver son être même attaqué par l'autre : or tout être garde toujours le droit et a même
le devoir de défendre son être contre tout ennemi qui
l'attaque; la seule raison d'ennemi cause ici la justice.

Ce raisonnement ne vaut pas. Il n'est pas vrai que
tout être garde toujours le droit de se défendre quand

il est menacé ou attaqué dans son être et dans sa vie.
Cela peut être vrai dans l'ordre des agents physiques
ou naturels, parce qu'il n'y a aucune raison de mora-
lité ou de justice qui préside à leurs rapports mutuels;
mais dans l'ordre des agents moraux où la responsabilité du sujet est en cause, il en va tout autrement.
Dans cet ordre-là, en effet, si le sujet a mérité, par sa
faute, un châtiment, il est tenu en justice de subir ce
châtiment quand il lui est infligé selon les règles du
droit; y résister constitue de sa part un acte injuste.
Saint Thomas est formel sur ce point. Même s'il s'agit
d'une condamnation à mort, quand la condamnation
est juste, il n'est point permis au condamné de se défendre : le juge, en effet, a le droit de le frapper;
d'où il suit que, de son côté, quand il résiste, c'est
une guerre injuste; et donc il pèche sans aucun doute:
*relinquitur quod ex parte ejus sit bellum injustum;
unde indubitanter peccat* (1).

Ce qui est dit de l'individu humain pour la défense
de sa vie s'applique à plus forte raison à l'être moral
ou collectif qu'est l'Etat. Un Etat, quand il a commis contre un autre Etat une faute qui rend légitime
de la part de celui-ci, ou même nécessaire, l'intervention à main armée, n'a pas le droit de répondre à
cette intervention par une intervention identique : il
n'a qu'à subir les justes conditions qui lui sont im-
posées. S'il résiste, sa guerre est essentiellement injuste.

Il n'est qu'une hypothèse où sa guerre pourrait
devenir une guerre juste : ce serait, si, dans la guerre
juste qui lui est faite, son ennemi voulait, dans la

(1) 2a-2æ, q. 69, art. 4.

répression, dépasser les limites de la faute commise, et profiter de cette faute pour l'affaiblir ou l'accabler injustement. Mais, dans ce cas, la guerre offensive, qui était juste dans son premier motif, est rendue injuste par le motif nouveau qui s'y ajoute : en sorte qu'à partir de là les rôles sont intervertis : c'est la guerre offensive qui devient injuste et la guerre défensive qui devient juste.

C'est donc toujours et uniquement la raison d'injustice ou de faute commise qui peut rendre juste, à l'endroit d'un autre Etat, l'intervention à main armée. Si cette raison de faute n'existe pas, rien ne peut légitimer une guerre, non pas même le motif de se défendre. Il faut d'ailleurs remarquer qu'il pourra y avoir des fautes telles commises par un Etat qu'aucune répression à main armée, si radicale soit-elle dans son but et irait-elle jusqu'à se proposer la transformation de l'Etat coupable comme tel, ne pourra jamais être considérée comme injuste ou comme disproportionnée avec la faute commise. C'est ainsi que pour l'individu humain il est aussi des fautes telles qu'aucun châtiment, y compris la perte même de la vie, ne sera excessif ou injuste. Dans ce cas, de même que l'individu humain condamné à mort n'a pas le droit de résister quand on lui inflige sa peine, de même aussi un Etat sera tenu de subir les conditions méritées par son crime. Il n'aura pas le droit de recourir aux armes et de continuer à s'en servir pour échapper au sort qu'il a mérité; et s'il le fait, il aura la responsabilité nouvelle de tout le mal occasionné par sa résistance injuste. Combien plus cette responsabilité dans la continuation de la guerre existerait-elle pour un Etat, si lui-même avait été l'agres-

seur injuste et dans des conditions telles qu'aucune
répression, si radicale qu'on la suppose à l'endroit
de cet Etat comme tel, ne pût égaler l'énormité de la
faute.

CHAPITRE TROISIÈME

La Guerre sage

La guerre demeure toujours possible dans l'ordre
des choses humaines. Elle est la conséquence fatale
de la diversité des Etats et de la lutte des passions ou
des intérêts l'emportant sur la saine et tranquille raison. Des causes de litige intervenant parmi les hommes, d'Etat à Etat, il est des cas où ces causes de
litige amènent nécessairement des interventions à
main armée. Ces interventions pourront quelquefois
être justes de part et d'autre, non d'une façon matérielle ou en soi, car la raison de justice ne peut se
trouver que d'un côté, mais parce que la difficulté
même de trancher le débat expliquera que de part et
d'autre on puisse être dans la bonne foi. Mais il est
d'autres cas où, d'un côté, l'intervention est manifes-
tement injuste, du moins pour la conscience de ceux
qui engagent la guerre, sinon toujours aux yeux de
ceux qui doivent y prendre part. Si elle était manifes-
tement injuste même aux yeux de ceux-ci, il leur serait interdit en conscience d'y prendre aucune part.

Mais quand la guerre est juste et qu'on a le droit soit de l'engager, soit d'y prendre part, comment peut-on concevoir qu'il serait bon de l'organiser en vue de la fin qui la justifie?

La fin qui la justifie, nous l'avons dit, ce n'est point une fin de conquête; c'est seulement une fin de juste réparation, ou encore de solution de conflit quand la saine et tranquille raison n'arrive point à se faire entendre et à régner par elle-même.

Il suit de là que le principe d'armement à outrance, ou encore de nations entières visant à un développement de force qui permette de tout dominer autour de soi a quelque chose d'excessif ou d'irrationnel, sinon même de suspect et de dangereux. Pourquoi exiger d'une nation et, par voie de conséquence, de toutes les autres nations, un tel déploiement de forces, si l'on n'avait pour but, parmi les nations, que d'être à même de dirimer par la voie des armes les conflits que la raison est impuissante à résoudre par elle-même? Ne pourrait-on point mesurer ses forces, d'Etat à Etat, sans se condamner, de part et d'autre, à engager dans la lutte tous les hommes valides de la nation? N'est-il pas à prévoir, au contraire, que si toute la nation est en armes, dans la mesure où une nation sera nombreuse et où ses armes seront de plus en plus perfectionnées, ou bien pourra intervenir le cas du vertige de l'ambition et de l'orgueil poussant telle nation à se ruer sur les autres de façon à tout broyer autour d'elle, ce qui sera la guerre la plus effroyablement injuste, ou bien, même dans le cas d'une guerre juste, soit d'un seul côté, soit à plus forte raison des deux côtés quand il y a la bonne foi, on aura des guerres entraînant après elles des maux incalculables et menaçant jusque dans ses dernières profondeurs la vie de nations entières?

Oh! sans doute, même dans ce mal extrême, à côté du mal se trouve un certain bien. Il y aura très spécialement le bien de retremper toute une nation dans l'héroïsme des vertus guerrières. Mais cet avantage ou d'autres semblables devraient-ils entrer dans les vues des hommes d'Etat vraiment sages, quand il s'agit d'organiser l'instrument de guerre qui s'appelle l'armée? Ne serait-il pas plus digne de la sagesse des nations qu'il y eût entre elles une sorte d'entente internationale fixant à un certain nombre déterminé leur instrument de guerre respectif? Il va de soi que ce nombre serait proportionné aux populations elles-mêmes. Dès lors, les justes avantages respectifs des diverses nations ou des divers Etats seraient sauvegardés; et l'on n'aurait cependant ni à porter, en temps de paix, le poids écrasant d'armements sans limite, ni à subir, en temps de guerre, les pertes effroyables qui ruinent et désolent les nations.

Cette limitation de l'instrument de guerre aurait, en outre, de lui rendre son vrai caractère dans l'organisme du corps social. Le corps social peut être comparé au corps physique des êtres vivants. Ces corps forment un tout dont les parties sont essentiellement hétérogènes. Et le corps vivant ne peut être, ne peut vivre, qu'à la condition d'avoir toutes ses parties bien distinctes, remplissant chacune ses fonctions déterminées pour le bien de l'ensemble. Il en est de même dans le corps social. Vouloir, au nom d'une égalité absolue et contre nature, que toutes ses parties soient identiques dans leur rôle et leur fonction, c'est transformer le corps social en un simple

2

agrégat qui n'a plus rien de l'être vivant. La vie du corps social sera donc ce qu'elle doit être, non pas quand tous les individus humains y seront astreints au même office, mais quand les divers offices y seront distribués selon les goûts, les aptitudes et les besoins.

Et, par exemple, en ce qui est de l'instrument de guerre, n'aurait-on pas un instrument plus en harmonie avec la nature du corps social, si cet instrument était composé d'éléments, qui, loin d'absorber tous les éléments vitaux de la nation, seraient eux-mêmes des éléments spéciaux, préparés par leurs goûts en même temps que par leurs aptitudes à la fin de leur office et dont toute la vie serait ordonnée à cette fin? Des avantages matériels et moraux, proportionnés à la noblesse de leur fonction, leur seraient assurés, en telle sorte qu'il pourrait régner une parfaite émulation dans le pays, à l'effet d'être admis dans ce corps d'élite. On aurait alors, pour l'armée tout entière, ce qu'on a déjà et qu'on n'aura jamais trop pour le corps des officiers, pour le corps de la magistrature, pour le corps du clergé, pour tous les autres corps essentiels à la vie d'un Etat organisé.

Les fonctions étant ainsi parfaitement distribuées, celle qui aurait pour objet la guerre accomplirait son office sans que les autres en soient troublées dans leur organisme essentiel. Dès lors, même quand la guerre se déclarerait, la vie de la nation pourrait continuer sans être bouleversée ou menacée jusqu'en ses fondements. Et l'on n'aurait point le spectacle si attristant d'hommes de toutes conditions ou de tous offices, même les plus indispensables à la vie du pays, arrachés à leurs fonctions et jetés dans une fournaise qui consume les plus magnifiques réserves de la nation.

Parmi tous les corps nécessaires à la vie d'une nation et qui devraient pouvoir toujours continuer leur office, sans en être détournés par rien, il en est un qui occupe la première place par la sainteté et la sublimité de ses fonctions. C'est le corps du clergé. Un Pouvoir sage devrait veiller par-dessus tout à ce que le corps du clergé, dans la nation, demeurât toujours et absolument inviolé. Plus encore en temps de guerre qu'en temps de paix, son rôle propre est indispensable. Car si la puissance matérielle en hommes et en armements est alors requise, cette puissance demande elle-même d'être soutenue et décuplée par le moral du pays et le moral des troupes. Or, c'est précisément au clergé qu'il appartient de maintenir ou d'élever le niveau moral soit des troupes, soit du pays; en telle sorte que loin de retirer des paroisses ou du service religieux de l'armée les membres du clergé, pour leur attribuer un autre rôle ou d'autres fonctions, il faudrait, au contraire, multiplier les titulaires chargés de ce double office dans l'Etat.

C'est cette raison du bien de la société qu'invoque saint Thomas pour que soient maintenus, inviolablement, dans leur office propre les membres du clergé. L'office propre des clercs, dans la société, est de vaquer à la contemplation des choses divines, à la louange de Dieu, à la prière pour le peuple. Et, assurément, il ne saurait y avoir, dans la société, d'office plus noble, plus excellent, ou plus nécessaire. Il s'ensuit que cet office doit être maintenu, par un Pouvoir sage, avec le soin le plus jaloux. Surtout, l'incompatibilité de ces sublimes fonctions avec le maniement des armes devrait faire tenir éloigné de ce maniement des armes tout membre du clergé. A cette raison générale s'en joint une autre plus spéciale et qui montre plus encore l'incompatibilité absolue du caractère des clercs avec la fonction des hommes de guerre. Ceux-ci, en effet, sont appelés par état à verser le sang, quand ils doivent combattre les ennemis. Or, les clercs ont pour mission tout à fait spéciale de vaquer au service de l'autel où se trouve remise sous nos yeux, dans son état sacramentel, la Passion du Christ, ne versant point le sang des autres, mais, au contraire, donnant le sien propre pour le salut du monde. Les clercs doivent, par état, imiter ce mystère que leur fonction sacrée est de renouveler chaque jour. Comment, dès lors, sans profanation sacrilège, les obliger à remplir l'office des hommes d'armes (1) ?

CHAPITRE QUATRIÈME

La Guerre honnête

Un Etat peut avoir de justes raisons de faire la guerre; et il a le droit, le devoir même de travailler, en vue de cette éventualité possible, à préparer un instrument de combat qui y soit parfaitement adapté.

(1) 2a-2æ, q. 40, art. 2.

Mais si la redoutable éventualité se produit, si la guerre devient une nécessité, quelles devront être alors pour un Etat et pour ceux qui combattent en son nom les règles de conduite? Il ne s'agit ici, bien entendu, que des règles morales, non des règles techniques qui appartiennent en propre aux spécialistes de l'armée.

Or, pour ce qui concerne les règles morales, serait-il vrai, comme plusieurs l'ont érigé en doctrine afin de pouvoir le pratiquer sans scrupule, que du jour où la guerre est déclarée entre deux Etats, toutes les règles ordinaires de la morale se trouvent suspendues pour les belligérants? Serait-il vrai que la fin de la victoire à obtenir ou la nécessité de vaincre justifie tout? Suffirait-il, pour tout excuser, de répondre par ces simples mots fatidiques : c'est la guerre? Pourrait-on, sans avoir à en rendre compte au tribunal de la raison morale et plus tard au tribunal même de Dieu, déchirer et tenir pour nuls les traités les plus solennels, violer ses propres serments, user de tous les moyens possibles ou à sa portée pour frapper, détruire, anéantir tout ce qui n'est point de la nation à laquelle on appartient ou pour laquelle on combat? Aurait-on le droit de prendre, d'exiger, de s'approprier tout ce qui appartient aux autres, notamment à l'ennemi, et qui peut répondre aux besoins, ou aux goûts, ou simplement aux caprices du plus fort?

Il semblerait que poser de telles questions devrait être les résoudre du même coup. Et cependant, les faits les plus certains comme aussi les plus douloureux sont là pour témoigner qu'il est des hommes qui peuvent, non pas seulement d'une manière isolée et à titre d'exception, mais par voie de persuasion collective, se donner comme les tenants d'une doctrine qu'ils proclament la seule vraie, la seule conforme au concept de la guerre, et dont ils se font gloire comme du dernier mot de la raison perfectionnée par la culture. Il est des hommes pour qui, en temps de guerre, ni la vérité, ni la justice, ni les sentiments d'humanité et de pudeur, ne doivent plus jouir d'aucune considération, d'aucune autorité, d'aucun droit. Un seul droit existe pour eux: la force; un seul devoir : abattre son ennemi et en triompher, par tous les moyens, au sens le plus absolu de ces mots, sans réserve et sans distinction aucune.

Comment expliquer de telles affirmations et une telle doctrine? Elles tiennent, semble-t-il, à la conception même de la guerre, telle que se la forment de tels hommes. Pour eux, la guerre est l'acte d'un État se jetant sur un autre État à l'effet de le traiter, lui et tout ce qui est à lui, comme on traite une pièce de gibier ou un fauve qu'on trouve sur son chemin, et qu'on tue, qu'on massacre au besoin, pour ensuite s'emparer de sa dépouille. En pareil cas, on n'a pas à parler de justice, ou de toute autre vertu; ou plutôt la seule vertu qui ait à s'exercer ici est la vertu de la force physique ou technique venant à bout de l'obstacle et l'utilisant ensuite de son mieux. Comme, d'autre part, l'État qui a cette force physique ou technique est tenu pour l'État idéal, l'État parfait, à qui sa perfection même donne le droit de considérer comme d'une autre espèce, par rapport à lui, tout ce qui n'est pas lui, cet État n'a qu'à se régler sur lui-même pour agir. Il ne doit avoir qu'un but : réussir. Toute occasion propice fera son droit. Et le résultat seul, bon ou mauvais, sera pour lui toute la raison de bien et toute la raison de mal.

Une telle conception de ce qu'on pourrait appeler l'Etat-monstre ressemble aux théories de l'affreux cyclope Polyphème, lequel, adjuré par Ulysse de respecter les dieux et de se montrer hospitalier, répondait avec un cœur farouche : — Tu es insensé, ô Etranger, et tu viens de loin, toi qui m'ordonnes de craindre les dieux et de me soumettre à eux. Les cyclopes ne se soucient point de Zeus tempétueux, ni des dieux heureux, car nous sommes plus forts qu'eux. Pour éviter la colère de Zeus, je n'épargnerai ni toi, ni tes compagnons, à moins que mon âme ne me l'ordonne (1). Evidemment, et pour l'honneur de l'humanité, de tels excès de doctrine demeurent une exception. S'il est un Etat qui les professe, il se met du même coup au ban des autres Etats.

La vérité est, comme déjà nous avons pu nous en convaincre, qu'il n'est aucun Etat, quelque parfait qu'il se suppose ou quelque puissant et quelque développé qu'il existe, qui ait à l'être, à l'indépendance et au respect plus de droit qu'aucun autre, si minime que soit cet autre, mais qui vit de sa vie propre et ne lèse les droits de personne. Il en est des Etats comme des individus. Le plus faible a autant de droits que le plus fort, dès là que tous deux sont indépendants, vivant chacun de sa vie propre et non subordonnés entre eux au point de vue social. De même pour les divers Etats. Aucune raison de force, ou de prospérité, ou d'étendue, ou de nécessité d'expansion, ou de soi-disant supériorité de culture, ne légitimera ja-

(1) *Odyssée*, ch. IX. Traduction Leconte de Lisle.

mais l'acte d'un Etat à l'endroit d'un autre Etat,
ayant pour but de se l'approprier ou de l'absorber à
son profit. Il doit traiter avec lui d'égal à égal, au
point de vue du droit; et un acte quelconque d'intervention, surtout d'intervention à main armée, n'est
licite, à son égard, que s'il a lui-même, auparavant,
mérité cette intervention par quelque infraction à la
justice ou à la sainteté du droit.

C'est là, nous l'avons dit, l'unique raison juste de
faire la guerre. Dès lors, le mode de faire la guerre
devra nécessairement se mesurer à cette fin et se régler d'après elle.

La guerre étant une intervention à main armée
d'Etat à Etat pour dirimer, par la voie des armes,
seule possible ici, quand la raison n'arrive plus à
être écoutée ou entendue de part et d'autre, un conflit de droit et de justice survenu entre ces divers
Etats, il s'ensuit que c'est à la nature du conflit que
devra se proportionner le mode de l'intervention. La
fin à obtenir, par cette intervention armée, est d'amener l'Etat qu'on estime résister indûment, à accepter, de force, les conditions de justice qu'il n'a pas
voulu accepter de son plein gré. On a donc le droit de
conduire la guerre en tel mode que cet Etat qui résiste soit, dans la lutte, réduit à merci. Mais parce
qu'il s'agit, non d'un acte de proie à l'endroit d'un
être de race inférieure, ni même, proprement, d'un
acte de bourreau, exécutant contre un coupable à la
merci de la justice un jugement qui le condamne,
mais plutôt d'un acte de juste violence destiné à ra-
mener à la raison et à la justice un égal qui refuse de
se rendre, et qu'on n'a point d'autre moyen de con-
traindre, il faudra, par-dessus tout, que cet acte de

violence soit honnête et que, dans la lutte, on ne se
donne soi-même aucun tort aux yeux de la saine
raison.

Par conséquent, la lutte devra se conduire selon les
règles mêmes du combat. On n'aura le droit de frapper que ce qui fait partie de l'instrument de guerre
chez l'adversaire. Ce qui est en dehors de cet instrument de guerre doit être respecté comme une chose
sacrée et sur laquelle on n'a aucun droit, sauf bien
entendu le droit de requérir, selon les formes de la
justice, tout ce dont on peut avoir besoin pour vivre
sur le territoire ennemi.

Dans la lutte même avec ce qui fait partie de l'instrument de guerre chez l'adversaire, il est des règles
de justice et de haute morale ou d'honnêteté impres-
criptibles qui s'imposent toujours. C'est ainsi qu'on
ne pourra jamais frapper son ennemi s'il est lui-
même désarmé et qu'il demande grâce; à plus forte
raison s'il est déjà blessé et hors de combat en raison de sa blessure; combien moins encore, s'il s'agit
d'un non-combattant qui a pour office de porter secours aux blessés ou de recueillir les morts. Ce sont
là des règles de droit naturel, qu'aucun être humain
n'a le droit de violer sans se mettre hors de la raison et sans encourir les plus graves responsabilités
qui motiveront ensuite les plus terribles représailles.

Pour ce qui est de l'armement lui-même, la règle
indispensable d'honnêteté est qu'on s'en tienne scrupuleusement aux clauses déterminées par le droit des
gens et qu'on ne fasse usage d'aucune arme que les
conventions internationales interdisent. Ici encore,
manquer à cette règle est se mettre dans son tort de
la façon la plus grave et motiver contre soi, pendant

la suite de la guerre, ou lors du règlement des comptes, de terribles et trop justes sanctions.

Mais par-dessus tout, la règle d'honnêteté la plus essentielle, au plus fort même du combat, si acharné qu'il puisse être, est le respect de la vérité et de la parole donnée. Quand le bien de la vérité et de la parole donnée disparaît du milieu des hommes, c'en est fait de toute vie humaine et de tout rapport humain des hommes entre eux. L'homme devient alors pire que la bête; car il use de l'instrument même de la vérité qu'il est le seul à avoir pour tromper son semblable.

Aussi bien est-ce à ce seul point, comme s'il résumait et condensait tous les autres, que saint Thomas ramène sa considération de l'honnêteté dans les procédés de la guerre (1). Se demandant s'il est permis d'user d'embûches ou de ruses pendant la guerre, il répond par une distinction aussi lumineuse qu'elle est importante. Toute ruse ou embûche, en temps de guerre, a pour but de tromper l'ennemi, afin que, profitant de son erreur, on puisse plus facilement le vaincre. Or, c'est d'une double manière que notre ennemi peut être trompé à l'occasion de nos actes : ou bien parce que nos actes sont une feinte, masquant et ne déclarant point nos véritables desseins; ou bien parce que nos actes constituent un mensonge exprimant le contraire de ce qu'il est expressément convenu qu'ils doivent signifier. Le premier mode est parfaitement licite; car nous ne sommes point toujours tenus, et moins encore avec un ennemi, en temps de guerre, de manifester ce que nous pensons ou ce que nous nous proposons. Mais

(1) 2a-2æ, q. 40, art. 3.

le second mode n'est jamais permis. Il constitue, en effet, un acte intrinsèquement mauvais, c'est-à-dire un acte de déloyauté, de perfidie, sinon même quelquefois de parjure, et toujours un mensonge.

On voit dès lors qu'il n'est rien de plus opposé à l'honnêteté des procédés toujours requise, même en temps de guerre, que de transformer les signes conventionnels, déterminés d'un commun accord, en signes de tromperie. Et, par exemple, arborer le drapeau, ou les insignes, ou les signaux propres à l'ennemi pour l'attirer dans un guet-apens; faire les signes convenus qui marquent l'intention de se rendre, et masquer de la sorte une attaque perfide; à plus forte raison, user des insignes de la pitié ou de la religion pour abuser des sentiments les plus nobles et les plus saints ou les plus sacrés, à l'effet de surprendre un ennemi trop loyal, sont choses qu'on ne réprouvera jamais assez haut et qui constituent des crimes absolument infamants. En raison même de sa fin, en raison aussi de son caractère toujours cruel par lui-même, il faut que la guerre, pour rester quelque chose d'humain, conserve avec le soin le plus jaloux ces conditions de loyauté et d'honnêteté qui seules lui mériteront le beau titre dont on a pu la saluer : une école d'honneur.

CHAPITRE CINQUIÈME

La Guerre sainte

Suffira-t-il, pour que la guerre soit revêtue de toutes les conditions qui doivent être les siennes, qu'elle
soit juste dans sa cause, sage dans sa préparation et
son exécution, honnête dans ses procédés? Il le semblerait, à ne la considérer que du point de vue civil
ou laïque, si l'on peut ainsi s'exprimer. Mais il est
un autre point de vue qu'on ne saurait négliger quand
il s'agit d'une chose aussi grave que la guerre et qui
entraîne après elle tant de conséquences. C'est le
point de vue religieux.

En se résolvant à faire la guerre, qu'il s'agisse
d'une guerre offensive ou d'une guerre défensive, un
Etat prend les plus graves responsabilités. Tous ses
membres en éprouveront le contre-coup. Et ceux qui
seront engagés directement dans la lutte seront appelés à consentir les plus grands sacrifices, puisqu'on
va leur demander le sacrifice même de leur vie.
Comme il s'agit non de simples machines qu'on meut
du dehors ou même d'animaux sans raison que l'ins-
tinct ou la menace suffisent à ébranler, mais d'êtres
raisonnables devant se mouvoir eux-mêmes par con-
viction et par vertu; et comme, d'autre part, les intérêts en jeu sont tout ce qu'il y a de plus grave, puisqu'aussi bien c'est la vie même de la nation qui peut
être en cause, il est évident qu'on ne saurait trop s'en-

tourer de toutes les garanties qui peuvent ou doivent assurer le succès dans l'effroyable lutte.

Parmi ces garanties, la plus puissante assurément et la plus précieuse, celle qui complète toutes les autres et pourrait même, au besoin, ou en cas d'absolue nécessité, suppléer telles ou telles, c'est la protection du ciel. En parlant de la guerre sage, nous avons déjà dit de quel secours doit être pour maintenir ou élever le moral du pays et le moral de l'armée le rôle du clergé, et quelle faute contre la prudence il y aurait, de la part d'un Etat, à diminuer ce rôle ou à le paralyser. Mais cela même ne saurait suffire. Un autre devoir s'impose. C'est celui d'en appeler directement à Dieu et d'attirer ses bénédictions par l'hommage solennel que constitue la reconnaissance du besoin qu'on a de Lui en des circonstances aussi graves.

Il va sans dire que cet acte de religion destiné à sanctifier le grand acte de la guerre ne peut se faire que dans le cas d'une guerre juste ou qu'on estime telle en parfaite bonne foi. Rien ne serait, en effet, plus déplacé que d'en appeler au secours de Dieu et à sa protection quand il s'agirait d'une agression injuste. L'inconvenance prendrait les proportions du sacrilège et du scandale, si l'on avait publiquement violé sa parole donnée sous la foi même du serment. Dans ce cas, au lieu de compter sur le secours de Dieu et d'y faire appel, on devrait plutôt redouter sa juste colère et ne songer qu'à se faire oublier de Lui ou à détourner son courroux en réparant les torts dont on s'est rendu coupable.

Mais, à supposer qu'il s'agisse d'une guerre juste, soit parce qu'on l'estime telle en parfaite bonne foi, soit parce qu'en effet la justice de sa cause est écla-

tante, alors vraiment on a le droit de s'adresser à
Dieu avec confiance et de faire appel à son secours.
Nous avons même dit que c'est un devoir; et un devoir sacré. Il est vrai qu'ici une objection se pose.
Comment en appeler à Dieu et à son secours, si l'on
ne croit pas en Lui? Comment même, en admettant
qu'on a personnellement la croyance en Dieu, faire
acte public et extérieur de religion, si l'on vit dans
une société où cette croyance n'est pas universelle?

Nous avouerons en toute simplicité que d'entendre
formuler cette objection et d'avoir à y répondre est
chose très douloureuse. Il semble qu'elle n'aurait jamais dû être possible dans une société d'êtres
humains. Qu'un être humain, en effet, doué de sa raison, puisse nier ou révoquer en doute la vérité la plus
essentielle et que tout démontre, c'est chose à peine
concevable, et, à tout le moins, profondément humi-
liante pour notre nature.

Toutefois, et puisque, malheureusement, il est des
hommes qui formulent cette objection et qui pratiquement règlent leur conduite sur elle, il faut bien
montrer son erreur et son côté pernicieux. On dit
qu'un Etat, ou ceux qui le représentent, ne doit pas
faire acte extérieur de religion, même et surtout dans
les graves circonstances de la guerre, parce qu'il se
peut que le personnel de cet Etat n'ait aucune
croyance religieuse et qu'en tout cas il doit respecter
les convictions de ceux qui n'ont aucune foi. A cela,
nous répondrons par ces simples considérations. Que
le personnel d'un Etat, dans sa partie dirigeante, ou
que des membres de la nation à laquelle cet Etat préside, soient sans aucune croyance religieuse, cela ne
fait point que la vérité de la religion n'existe pas.

Dieu ne cesse pas d'exister et de gouverner le monde, parce qu'il est des hommes qui nient son existence ou qui méconnaissent l'action de son gouvernement. D'autre part, s'il est vrai comme la raison naturelle le proclame, aux yeux des sages, et comme en tout cas l'Eglise catholique l'enseigne, que toute société est tenue de rendre à Dieu un culte public sous peine d'irriter sa colère, comment oser prendre sur soi les responsabilités d'une abstention qui peut avoir toujours de si redoutables conséquences, mais plus spécialement dans les circonstances exceptionnelles où la vie d'une nation se joue sur les champs de bataille. S'il ne s'agissait que de soi, ce serait toujours trop de courir des risques si formidables sans avoir des certitudes mille fois établies — qui ne pourront jamais l'être dans la grave question qui nous occupe; — mais quand il y va des intérêts vitaux de tout un peuple, quand il y va de la possibilité de prolonger ou d'abréger des épreuves effroyables, ne vaudrait-il pas mieux mille fois s'exposer à se tromper dans un sens favorable plutôt que de courir le plus léger risque contraire? Mais, dira-t-on, comment faire acte de religion si l'on n'a personnellement aucune croyance? Nous répondrons : Comment accepter ou garder de si graves responsabilités, si l'on n'estime pas possible d'y parer? Il resterait toujours la ressource de céder la place à d'autres. A moins qu'on ne juge possible de poser au moins l'acte extérieur qui se fait alors non pas au nom du sujet comme personne privée, mais au nom de la société que l'on représente à titre de personnage public. — Oui, mais si dans cette société il en est qui ne croient pas? — Faudra-t-il donc pour ne pas déplaire à quelques es-

prits, qui n'ont d'ailleurs aucun droit de se plaindre, puisqu'aussi bien on ne les force pas eux-mêmes
de prier, courir le risque d'exposer toute la nation —
et ces esprits dissidents eux-mêmes — à payer des plus
terribles conséquences une abstention que tant d'autres esprits déclarent dangereuse?

Voilà le point précis de la question et qui ne per-
met absolument pas de réponse négative. Aucun Etat
n'a le droit d'engager une guerre, quand cette guerre
est juste ou qu'il la croit telle de bonne foi, sans appeler publiquement et solennellement la protection
du ciel sur la guerre qu'il entreprend. Il doit tout
mettre en œuvre pour attirer sur soi et sur ses armées
les bénédictions de Dieu et ne rien faire qui puisse,
en l'irritant, soit compromettre le succès final, soit
retarder ce succès et le rendre plus coûteux.

Saint Thomas se demande, à ce sujet, s'il peut être
permis de combattre aux jours de fête ou de diman-
che (1). Il ramène même, ici encore, à cet unique
point, la question de la sainteté de la guerre. Sa réponse vaut d'être citée textuellement. On y admirera
ce double caractère de largeur et de prudente fidélité
qui se retrouve toujours dans ses règles de morale.
« L'observation des fêtes, déclare-t-il, n'empêche
point ce qui est ordonné au salut des hommes, même
dans l'ordre corporel. Aussi bien, le Seigneur fait
reproche aux Juifs, leur disant, dans saint Jean,
ch. VII (v. 23) : *Vous vous indignez contre moi parce
que j'ai constitué sain un homme tout entier, le jour
du sabbat.* Et de là vient que les médecins peuvent li-
citement traiter leurs malades durant les jours de

(1) 2a-2æ, q. 40. art. 4.

fête. Or, poursuit le saint Docteur, le salut de la république ordonné à empêcher le meurtre d'un grand nombre et des maux innombrables soit temporels soit spirituels mérite d'être sauvegardé beaucoup plus que le salut corporel d'un homme particulier. Il suit de là que pour la protection de la république des fidèles, il est permis de faire les guerres justes durant les jours de fête, pourvu toutefois que la nécessité le demande : si, en effet, quand la nécessité presse, on voulait s'abstenir de faire la guerre, ce serait tenter Dieu. Mais, quand la nécessité cesse, il n'est point permis de faire la guerre pendant les jours de fête. »

Et nous avons, dans ce dernier mot du saint Docteur, le résumé de tout ce qui concerne les devoirs d'un Etat ou d'un peuple au sujet de la guerre : la guerre doit être juste, préparée et organisée ou menée selon toutes les règles de la prudence humaine, se gardant bien de remettre témérairement au secours de Dieu ce qui dépend de notre action propre; mais aussi, et en même temps, être scrupuleusement attentive à ne rien faire qui puisse déplaire à Dieu, s'appliquant, au contraire, en toutes choses, à respecter sa loi sainte pour attirer sur soi les secours et les bénédictions de Celui qui est le Maître de la victoire.

CHAPITRE SIXIÈME

La Paix

La guerre, même juste, et sage, et honnête, et
sainte, ne saurait être une fin pour elle-même. Elle
n'est jamais qu'un moyen, moyen parfois nécessaire,
bien que toujours déplorable en raison des terribles
maux qu'il entraîne, mais qui est destiné à une fin
autre que lui-même, une fin pour laquelle seule il a
droit d'être pris. Cette fin, c'est la paix.

Saint Thomas, dans sa question de la paix, a une
admirable parole (1). Il déclare que même ceux qui
font la guerre ne font la guerre qu'en vue de la paix
et pour la paix. Si, en effet, ils rompent la paix qu'ils
avaient jusque-là et font la guerre, c'est parce qu'ils
estiment que leur première paix n'était point bonne.
Ils la tenaient pour trop peu fructueuse, ou trop peu
sûre, ou parfois aussi trop onéreuse. C'est que toute
paix, nous l'avons déjà dit, implique un rapport de
divers mouvements affectifs. Quand ces divers mouvements sont ordonnés entre eux, en telle sorte que
nul n'empiète sur l'autre, mais demeure à sa place
et, loin de nuire au voisin, l'aide plutôt et le soutient,
alors c'est la paix, la paix parfaite. Si, au contraire,
tel mouvement affectif est gêné par un autre, s'il est
comprimé ou contrarié par lui, à supposer que la

(1) 2a-2æ, q. 29, art. 2, ad 2um.

lutte n'éclate pas entre eux, elle est pour ainsi dire à l'état latent et fatalement elle éclatera à la première occasion propice. Or, quand elle éclatera, elle n'aura point d'autre but que de libérer celui des deux mouvements qui s'estimait opprimé, à moins qu'elle n'ait aussi pour but, du côté adverse, d'ajouter encore à la répression et de la rendre plus absolue à l'effet de briser pour jamais toute possibilité de résistance. Mais, on le voit, c'est toujours parce que quelque mouvement affectif se trouve insatisfait et pour le satisfaire plus pleinement que la lutte se produit.

S'il en est ainsi, il devient d'une importance extrême, quand une guerre est déclarée, qu'elle se termine comme il convient, c'est-à-dire à une paix parfaite, harmonisant du mieux possible les volontés jusque-là opposées. Sans cela, elle ne serait point finie qu'on se préparerait à la recommencer et le mal se continuerait sans remède. Il est très vrai, nous l'avons dit aussi, qu'il n'est point possible, dans les conditions où l'humanité se trouve, d'aspirer à une paix absolue et qui serait à tout jamais définitive ne devant plus être troublée par aucune guerre. Mais faut-il, du moins, s'appliquer à ne pas laisser subsister ou à ne pas créer des causes de conflit, quand il s'agit de causes immédiates et qu'il est en notre pouvoir de les dissiper. Or, c'est là le propre des traités de paix.

Dans ces sortes de traités, il s'agit d'établir ou de rétablir des conditions de vie, parmi les nations et entre les divers Etats, qui permettent aux volontés de ces Etats ou de ces nations de se tenir pour satisfaites. Le problème est d'autant plus délicat que si la guerre a eu lieu, c'était précisément parce que d'une part ou de l'autre, sinon des deux à la fois, on estimait, à tort ou à raison, avoir des motifs de se plaindre. Ces motifs, semble-t-il, n'auront fait que s'accroître, en raison même des horreurs de la guerre. Comment, dès lors, ariver à s'entendre?

La solution, ici, dépendra nécessairement de la tournure qu'auront prise les événements au cours de la guerre qui s'est faite. Il est des droits de fait que la victoire donne, alors même que cette victoire ne serait pas du côté du belligérant qui avait pour lui la justice. La fortune des armes s'étant prononcée contre lui, il devra subir les conditions du plus fort. Mais c'est dans ce cas surtout qu'il importera que le plus fort n'abuse pas de son triomphe insolent. Il pourra même, s'il a le sens de la mesure, compenser, par la manière dont il usera de la victoire, ce qui manquait d'abord à la justice de sa cause et incliner en sa faveur la volonté de l'adversaire jusque-là trop justement irritée contre lui.

Que si la victoire s'est prononcée en faveur du droit, des conditions extrêmement délicates et de la plus haute importance pourront alors se poser. Il faudra, avant toutes choses, considérer la nature de l'injustice qui a provoqué la guerre; puis, le mode dont la guerre a été menée; enfin, les dispositions ou, si l'on peut ainsi dire, les conditions et l'état d'âme du vaincu. Si, par exemple, il s'agissait d'une guerre qui aurait débuté par une agression injuste, préméditée, préparée avec des moyens accusant l'intention formelle de faire une guerre non seulement de conquête, mais de destruction autour de soi, ruinant et faisant disparaître ou absorbant à son profit tout ce qui serait un obstacle à la réalisation de son propre rêve de domination universelle; si, de par ailleurs, une telle guerre avait. été menée en foulant aux pieds toutes les lois de l'humanité, avec des procédés ou des ressources d'organisation matérielle qui auraient fait courir aux autres nations un péril de mort; et si, enfin, l'Etat qui aurait fait cette guerre constituait par la manière dont il est formé, par la mentalité qui est la sienne, par les ressources qu'il peut utiliser encore, une sorte de péril permanent contre les autres nations, et, aussi, à vrai dire, contre lui-même, par l'impossibilité où il est de subordonner à la loi morale et au respect du droit des gens, les poussées de son ambition et de son orgueil, un devoir de haute justice et de haute police internationale s'imposerait aux nations victorieuses. Il faudrait d'abord que fussent punis comme ils l'auraient mérité, les crimes commis contre le genre humain au cours de cette guerre. Il faudrait aussi que fussent réparés les dommages causés par cette même guerre. Et, enfin, l'on devrait prendre toutes les mesures nécessaires pour en empêcher le retour.

Ces mesures, assurément, ne seraient point faites pour plaire à l'Etat vaincu. Mais sa volonté, ou plutôt la volonté de la nation qui demeurerait après la transformation de cet Etat, n'aurait qu'à se plier aux conditions que la conduite de cet Etat aurait rendues nécessaires. Le vrai bien de cette nation s'en trouverait lui-même assuré en même temps que le bien du genre humain tout entier. Et à l'effroyable guerre pourrait succéder une longue période de paix véritable parmi les nations.

A l'effet d'obtenir ce résultat quand une guerre est engagée, on ne saurait trop rappeler que si la guerre injuste, troublant du dehors la paix des cités et des nations, est le plus grave des péchés contre l'amour du prochain, dans l'ordre des biens temporels, la paix, au contraire, et la guerre juste qui par des moyens honnêtes et proportionnés ne vise qu'à assurer de nouveau la paix injustement troublée, sont, au plus haut point, des actes d'amour et, quand l'intention est surnaturelle, des actes de la plus divine des vertus : la charité. Même quand on use de juste et sainte rigueur envers son ennemi, c'est encore un acte d'amour, non seulement envers soi et les siens que l'on défend, mais aussi envers cet ennemi injuste que l'on empêche, à tout le moins, de progresser dans la voie du mal. Une seule chose est requise ici : c'est qu'on ne haïsse dans son ennemi que le mal; mais ce mal doit être haï dans la mesure même où nous voulons le bien (1).

EPILOGUE

Nous nous étions proposé, sur la demande qui nous en avait été faite, de détacher en quelques pages pour le grand public les enseignements de saint Thomas au sujet de la guerre. Ceux de nos lecteurs qui auront eu sous la main le texte latin du saint Docteur, dans la *Secunda-Secundæ*, ou le commentaire fran-

(1) 2a-2æ, q. 34, art. 3, ad 3um.

çais que nous en avons donné récemment, auront pu
se convaincre que les enseignements groupés ici ne
font que reproduire sous une nouvelle forme la pensée de l'Angélique Maître ou s'inspirer scrupuleusement de cette pensée. Il n'en est pas de plus haute,
ni de plus lumineuse, ni de plus féconde en applications de toute sorte à l'heure actuelle. Chacun de nos
lecteurs pourra lui-même faire ces applications. Nous
avons évité avec le plus grand soin de les faire nous-
même ou de prononcer des noms propres, qu'il s'a-
gît d'individus ou qu'il s'agît de nations, pour ne
pas troubler la sérénité d'un exposé doctrinal au-des-
sus de toutes les contingences. Mais l'on ne saurait
trop souhaiter que pour le présent et pour l'avenir,
soit les peuples soit les individus se pénètrent d'une
lumière si bien faite pour prévenir les conflits armés,
pour les abréger et les régler et les apaiser ou les rendre moins funestes, s'ils viennent à se produire.

TABLE DES MATIÈRES

———

IMP. P. TÉQUI, 92, RUE DE VAUGIRARD, PARIS.

DU MÊME AUTEUR

Commentaire français littéral de la Somme théologique

DE SAINT THOMAS D'AQUIN

Cet ouvrage a pour but de mettre à la portée de tous les esprits cultivés, de façon à pouvoir être lu par eux dans l'intégrité même de son texte, le livre dont on a écrit qu'il était *le chef-d'œuvre de la pensée humaine mise au service de la foi* et *le plus beau livre sur la plus belle des sciences.* Il a été honoré d'un Bref de Sa Sainteté le Pape Pie X, félicitant l'auteur d'avoir eu « la pensée d'exposer dans la langue et avec le génie de sa patrie qui excellent, au premier chef, par la clarté, l'œuvre qui est en théologie l'œuvre Royale ».

Dix tomes ont déjà paru. L'ouvrage complet aura environ vingt volumes.

DÉJA PARUS :

Ces cinq tomes forment la première des trois grandes parties de la *Somme.*

POUR PARAITRE PROCHAINEMENT :

Ces neuf derniers tomes forment la seconde partie de la *Somme.*

La troisième partie suivra en son temps.

On peut dès maintenant se procurer les tomes parus et souscrire aux volumes qui suivront. — *Paris, Téqui; Toulouse, Privat.*